Poesia como
arte insurgente

Lawrence Ferlinghetti

Poesia como arte insurgente

Tradução e prefácio de Fabiano Calixto

editora■34

Editora 34 Ltda.
Rua Hungria, 592 Jardim Europa CEP 01455-000
São Paulo - SP Brasil Tel/Fax (11) 3811-6777 www.editora34.com.br

Copyright © Editora 34 Ltda. (edição brasileira), 2023
Copyright © 2007 by Lawrence Ferlinghetti
Tradução e prefácio © Fabiano Calixto, 2023

A fotocópia de qualquer folha deste livro é ilegal e configura uma
apropriação indevida dos direitos intelectuais e patrimoniais do autor.

Imagem da capa:
Lawrence Ferlinghetti na comemoração dos 50 anos da City Lights, em 2005
(Brant Ward/The San Francisco Chronicle via Getty Images)

Capa, projeto gráfico e editoração eletrônica:
Franciosi & Malta Produção Gráfica

Revisão:
Cide Piquet

1ª Edição - 2023

CIP - Brasil. Catalogação-na-Fonte
(Sindicato Nacional dos Editores de Livros, RJ, Brasil)

Ferlinghetti, Lawrence, 1919-2021
F152p   Poesia como arte insurgente /
Lawrence Ferlinghetti; tradução e prefácio
de Fabiano Calixto. — São Paulo: Editora 34,
2023 (1ª Edição).
104 p.

ISBN 978-65-5525-152-4

Tradução de: Poetry As Insurgent Art

1. Ensaio norte-americano. 2. Poesia.
3. Estética. 4. Política. I. Calixto, Fabiano.
II. Título.

CDD - 824

Poesia como arte insurgente

Prefácio, *Fabiano Calixto* 7

POESIA COMO ARTE INSURGENTE

Poesia como arte insurgente.................................... 13

O que é poesia? 45

Premonições

    Manifesto Populista #1 79

    Manifesto Populista #2 84

    Poesia moderna é prosa................................. 91

Nota bibliográfica.. 95

Notas da tradução... 96

Agradecimentos.. 97

Sobre o autor... 98

Sobre o tradutor.. 102

No meio da rua:
poesia como arte insurgente

> *O medo dá origem ao mal*
> *O homem coletivo sente a necessidade de lutar*
> *O orgulho, a arrogância, a glória*
> *Enche a imaginação de domínio*
> *São demônios os que destroem o poder bravio da humanidade*
> *Viva Zapata!*
> *Viva Sandino!*
> *Viva Zumbi!*
> *Antônio Conselheiro!*
> *Todos os Panteras Negras!*
> *Lampião, sua imagem e semelhança!*
> *Eu tenho certeza, eles também cantaram um dia*

> — Chico Science & Nação Zumbi

Poesia como arte insurgente é uma reunião de textos sobre poesia e política do poeta e editor estadunidense Lawrence Ferlinghetti (1919-2021). Livro de combate, de carregar pela rua, no bolso e no coração. É composto por cinco textos ("Poesia como arte insurgente", "O que é poesia?", "Manifesto Populista #1", "Manifesto Populista #2" e "Poesia moderna é prosa") que foram sendo escritos e reescritos, com acréscimos e exclusões, durante décadas. Um dos textos, "O que é poesia?", por exemplo, possui versões que datam ainda dos anos 1950. Os dois manifestos populistas (que também já foram impressos em outros livros) e "Poesia moderna é prosa" são dos anos 1970. *Poesia como arte insurgente*, como agora se apresenta ao leitor, foi lançado em 2007. Temos em mãos, assim, uma bela e inquietante lírica de combate, com uma insistente e melodiosa música utópica/anticapitalista de uma das vozes mais aguerridas da poesia em língua inglesa do século XX.

A insurgência desta poética responde a uma necessidade de o poeta se mover com suas armas (as palavras, o pensamento) contra o sucateamento das condições de vida no planeta promovido pela barbárie neoliberal e seu projeto de crise permanente, que espalha pobreza, miséria, humilhação e morte pelas sociedades planetárias. É um livro contra o capitalismo, o que quer dizer também: contra a dinheirolatria, a devastação ecológica, a exploração e opressão dos pobres. Contra o racismo, o machismo, a homofobia. Contra os dogmas, os poderes, os policiamentos, os fascismos. Contra a falta de imaginação, a colonização das mentes, dos desejos e das emoções. Contra a vida miserável que o sistema capitalista quer que todos nós, desolados e miseráveis, vivamos. Esta poética é, portanto, *contramorte*.

Arte e vida, poética e política são pilares deste trabalho e criam ambientes habitáveis para o pensamento, para a experimentação contínua, construindo pontes através de sua tecnologia verbal e abrindo campos para que outros cenários de vida comunitária possam ser vislumbrados. "Se você quer ser poeta, descubra novos modos de vida para que os mortais habitem o planeta Terra." "Se você quer ser poeta, invente uma nova linguagem que todos possam entender." "Comprometa-se com alguma coisa além de si mesmo, deixe de ser ególatra." São textos onde o coletivo é insistentemente estimulado — mundos de *todos*, linguagens de *todos*, comprometimento de *todos*. Os possíveis novos modos de vida podem ser construídos coletivamente através de uma sociedade socialista por vir. O socialismo pode triunfar. *If you want it.*

Nestes escritos, que são uma expressão firme, contínua e insistente contra todas as formas de pensamento reacionário, o papel do poeta (do artista) no tecido social é discutido o tempo todo. O poeta é o agenciador da linguagem que escreve os futuros possíveis apagados pelo capitalismo neoliberal. Assim, a poesia (a arte) pode transformar as coisas ("A poesia é a Resistência suprema") de algum modo pela contínua excitação das ideias e da reflexão atenta ("Cultive a dissidência e o pensamento crítico"), da força imanente de sua substância intelectual ("Seja subversivo, questione constantemente a realidade e o *status quo*"), do cultivo atento da imaginação criativa ("Poesia *pensante* não precisa abrir mão do êxtase"), da defesa convicta da alegria ("Não escorregue na casca de banana do niilismo, ainda que escute o rugido do Nada"; "Crie alegria coletiva diante da melancolia coletiva").

Há, como sabemos, imensas contradições no papel da cultura na vida política. Porém, a cultura é hoje um dos principais pontos do campo de batalha — é através dela, por exemplo, que o neoliberalismo coloniza não só os pensamentos e desejos, mas as próprias emoções. Num prefácio à segunda edição de *Marxismo e crítica literária*, Terry Eagleton diz que "faz parte do materialismo cultural a afirmação de que a cultura não é, no fim das contas, aquilo em que homens e mulheres baseiam suas vidas. Mas ela também não é insignificante; toda batalha política importante é, entre outras coisas, uma batalha de ideias". "En la lucha de clases/ todas las armas son buenas/ piedras/ noches/ poemas", diz um dos poemas mais populares de Paulo Leminski. Cultivar a rosa do socialismo nos corações e mentes via cultura é um movimento central. Claro que as batalhas na frente cultural não são as únicas. Ela é apenas uma das frentes e há, claro, necessidade de outras. Para mudar de verdade o sistema, a situação miserável deste mundo, as estruturas de exploração e opressão, é necessário o socialismo, teoria e prática. Depois de tanto tempo de massacre capitalista, qualquer outro caminho soa inócuo. E, ainda assim, a cultura é central nessa batalha.

De todo modo, o "fermento dissidente internacional" que dá força a estes textos é também o maquinário de guerra de Ferlinghetti, seu modo de agir no mundo. E, com seu espírito jovem e revolto, foi um poeta sempre muito atento às movimentações do seu tempo. Atravessou inúmeras e importantes agitações contraculturais que surgiram no Pós-Guerra nos Estados Unidos (San Francisco Renaissance, Beat Generation, o rock'n'roll, a contracultura hippie, o punk rock, o movimento hip-hop etc.). Sintetizou de algum modo todos esses rolês em sua poética — "Resista mais, obedeça menos"; "Diga o indizível, torne o invisível visível". Isto é: faça as coisas acontecerem de uma vez por todas. Está todo mundo de saco cheio. "Poetas, saiam de seus armários,/ Abram suas janelas, abram suas portas,/ Vocês estiveram tempo demais escondidos/ em seus mundinhos fechados." "Acorde, o mundo está em chamas!"

O papo é quente, camarada, e segue firme e forte, olho vivo e faro fino. Agora é adentrar as páginas deste admirável e combativo livro escrito por um poeta inquieto e inventivo, "agente provocador — subversivo, anarquista e profético". Boa leitura!

Fabiano Calixto
Verão de MMXXIII

Poesia como arte insurgente

para Nancy Joyce Peters

The woods of Arcady are dead,
And over is their antique joy;
Of old the world on dreaming fed;
Grey truth is now her painted toy...[1]

— William Butler Yeats

Que tempos são esses
Quando escrever um poema de amor
É quase um crime
Porque envolve silenciar
Sobre tantos horrores...

— A partir de Bertolt Brecht

Desculpem o transtorno, isto é uma revolução.

— Subcomandante Marcos

Eu aceno do meio das chamas.

O Polo Norte não está mais onde constumava estar.

O Destino Manifesto já não se manifesta.[2]

A civilização se autodestrói.

Nêmesis bate à porta.

Para quê poetas em épocas como esta? Qual a utilidade da poesia?

O péssimo estado do mundo clama à poesia para que o salve.

Se você quer ser poeta, crie obras capazes de responder aos desafios dos tempos apocalípticos, ainda que isso signifique soar apocalíptico.

Você é Whitman, você é Poe, você é Mark Twain, você é Emily Dickinson e Edna St. Vincent Millay, você é Neruda e Maiakóvski e Pasolini, você é um americano ou um não-americano, você pode conquistar os conquistadores com palavras.

Se você quer ser poeta, escreva jornais vivos. Seja um repórter do espaço sideral que envia seus despachos a algum supremo editor-chefe que acredita na transparência total e tem baixa tolerância para disparates.

Se você quer ser poeta, experimente todas as formas poéticas, gramáticas eróticas transgressoras, religiões extáticas, efusões pagãs glossolálicas, falas públicas bombásticas, escritas automáticas, sensações surrealistas, fluxos de consciência, sons achados, discursos e delírios — para cultivar sua própria voz límbica, sua voz implícita, *primordial.*

Se você se diz poeta, então não fique aí parado. A poesia não é uma ocupação sedentária, não é a prática do "tomem seus assentos". Levante e diga o que pensa.

Tenha a visão ampla, a cada olhar um vislumbre do mundo. Expresse a vasta claridade do mundo exterior, o Sol que vê a todos nós, a Lua que derrama suas sombras sobre nós, calmas lagoas nos jardins, salgueiros onde canta a sabiá oculta, o crepúsculo que cai ao longo do riocorrente, e os amplos espaços que se abrem sobre o horizonte marítimo... maré alta e o canto da garça-azul... E as pessoas, sim, as pessoas, todas elas, ao redor do planeta, falando as línguas de Babel. Dê voz a todas elas.

Você precisa decidir se o grito dos pássaros é de êxtase ou desespero. Assim, saberá se você é um poeta trágico ou lírico.

Se você quer ser poeta, descubra novos modos de vida para que os mortais habitem o planeta Terra.

Se você quer ser poeta, invente uma nova linguagem que todos possam entender.

Se você quer ser poeta, diga novas verdades que o mundo não possa negar.

Se você quer ser um grande poeta, empenhe-se em transcrever a consciência da raça.

Através da arte, crie ordem a partir do caos da vida.

Renove as novidades.

Escreva para além do tempo.

Reivente a ideia de verdade.

Reinvente a ideia de beleza.

À primeira luz, modo poético. À noite, modo trágico.

Escute o rumor das folhas e o murmúrio da chuva.

Ponha o ouvido no chão e escute o movimento da Terra, a pulsação do mar e o lamento de animais moribundos.

Conceba a ideia de amor para além do sexo.

Questione tudo e todos, inclusive Sócrates, que questionava tudo.

Questione "Deus" e seus sócios na Terra.

Seja subversivo, questione constantemente a realidade e o *status quo*.

Empenhe-se em mudar o mundo de tal maneira que, um dia, não haja mais necessidade de dissidentes.

Hip hop e rap são caminhos para a libertação.

Tente ser um animal que canta transformado em cafetão para um rei pacifista.

Leia entre as vidas e escreva nas entrelinhas.

Seus poemas precisam ser mais do que classificados para corações partidos.

Um poema precisa cantar e voar alto com você, ou não passa de um pato morto com alma de prosa.

Um poema lírico deve soar mais alto que os sons achados numa sopa de letrinhas.

Anote as palavras dos astrônomos que viram, com Heinrich Olbers, o lugar onde tudo é luz.

Lembre-se que "A noite, algumas estrelas" tem mais força poética do que todo um catálogo de céus.

As imagens nos seus poemas deveriam ser *jamais vu*, não *déjà vu*.

As palavras podem salvá-lo onde as armas não podem.

Decida se um poema é uma pergunta ou uma declaração, uma meditação ou um protesto.

Reinvente a América e o mundo.

Escale a Estátua da Liberdade.

Desconfie da metafísica, confie na imaginação e a re-fertilize.

Ao invés de tentar fugir da realidade, mergulhe nas carnes do mundo.

Se você se considera poeta, cante, não fique aí falando.

Não deixe que digam que uma imaginação estagnada afogou o falatório do seu coração.

Concilie novamente a arte de contar histórias e a voz viva.

Seja um narrador de grandes histórias, mesmo as mais sombrias.

Dê voz à rua sem língua.

Torne extraordinárias as palavras comuns.

Tenha uma briga amorosa com o destino da humanidade.

Beije o espelho e escreva nele aquilo que você vê e ouve.

Poeta, se Deus existir, seja seu espião. Pintor, pinte Seu olho — se é que Ele tem um.

Seja um camelô sombrio diante das tendas da existência.

Olhe a rosa através de lentes cor-de-mundo.

Seja um olho entre os cegos.

Dance com os lobos e conte estrelas, inclusive aquelas cuja luz ainda não chegou aqui.

Seja puro, sem cinismo, como se tivesse acabado de aterrissar no planeta, alumbrado com o lugar onde veio parar.

Perscrute com o coração puro o inescrutável sentido das coisas e nosso destino tragicômico.

Você tem o dom do encantamento e está rodeado pelo assombro? Possui o som siderado? Seja um zen louco.

A luz solar da poesia cria sombras. Pinte-as também.

Você nunca poderá ver ou ouvir ou sentir em demasia. Se for capaz de suportar.

Lute para recobrar a inocência do olhar da infância.

Componha na língua, não na página.

Como um budista, escute sua própria respiração.

Baixe a voz e fale a partir do tórax, não do nariz.

Quando falar seus poemas, tente não quebrar as janelas do quarteirão todo.

Nessa arte, você não precisa de um mestre de canto, apenas do seu ouvido interior.

Você é tão bom quanto o seu ouvido. Uma pena se ele for mouco.

Assim como os humanos, os poemas têm falhas fatais.

Cante *Olá!*

Escreva um poema sem fim sobre a sua vida na Terra ou em qualquer outro lugar, um poema maior que a vida.

Um grande poema deveria nascer da soma de todos os seus poemas, registrando mais que a realidade superficial, mais do que "aquilo que passa pela janela".

Encontre a realidade extrema, se houver uma.

Sua linguagem precisa cantar, com ou sem rima, para justificar sua existência na tipografia da poesia.

Faça mais que "poesia falada", faça "poesia cantada".

Apoie sua voz num instrumento musical ou qualquer outro som e deixe que seus poemas floresçam em canções.

Curta os cantores populares — são os verdadeiros poetas cantores de todos os tempos.

Leia as entrelinhas do discurso humano.

Faça sua mente aprender os caminhos do coração.

Sua vida é sua poesia. Se você não tem coração, escreverá poesia sem coração.

Evite o provinciano, abrace o universal.

Não quebre pedras. Mergulhe no mar em busca da poesia, cada poema um peixe vivo.

Diga o indizível, torne o invisível visível.

Pense subjetivamente, escreva objetivamente.

Seja um objetivista da imaginação. O concreto é mais poético.

Formule longos pensamentos em sentenças curtas.

Se você quer ser poeta, não confunda simples truques de linguagem com poesia.

Três linhas quaisquer não fazem um haicai. É preciso uma epifania para fazê-lo acontecer.

Após uma leitura de poesia, nunca se submeta a uma sessão de perguntas-e-respostas. A poesia eleva os ouvintes. Perguntas-e-respostas os levam de volta ao chão da prosa. Alguém pede a um compositor popular que explique suas canções?

Como um campo de girassóis, um poema não deveria precisar de explicação.

Se um poema precisa ser explicado, falhou em sua função.

Um poeta não deveria discutir o fazer poético ou o processo criativo. Isso é mais que um segredo de ofício, imperscrutável por seus próprios mistérios.

Qualquer coisa que um poeta diga *sobre* seu trabalho é um pedido de desculpas que não se deveria fazer.

Você quer ser um grande poeta ou um grande acadêmico? Um poeta burguês ou um poeta nitroglicerínico?

Consegue imaginar Shelley numa oficina de poesia?

As oficinas de poesia, porém, podem criar comunidades de afinidades poéticas no coração da América, onde muitos podem se sentir sós e perdidos pela ausência de espíritos afins.

Se você tiver que lecionar poesia, escreva na lousa palavras de luz.

Não há ideias fora dos sentidos. *Nihil in intellectu quod non prius in sensu.*

Se você quer ser um grande poeta, junte-se a poetas pensantes. Eles são raros, difíceis de achar.

Poesia *pensante* não precisa abrir mão do êxtase.

Leia os romancistas épicos, os poetas visionários, os grandes contadores de histórias, as mentes iluminadas.

Assombre livrarias.

O que você está pensando? Sobre o que medita? Abra sua boca e pare de lorota.

Não seja tão cabeça aberta a ponto de seu cérebro pular pra fora do crânio.

Seja uma mente nova e torne-a ainda mais nova.

Tire as teias de aranha.

Cultive a dissidência e o pensamento crítico. A primeira ideia pode muito bem ser a pior ideia.

Persiga a Baleia Branca, mas não a mate com um arpão. Em vez disso, guarde sua canção.

Permita-se voos deslumbrantes — voos de imaginação transgressora.

Supere todas as expectativas e as mais terríveis profecias.

Se você quer ser um grande poeta, seja a consciência da raça.

Resista mais, obedeça menos.

Desafie o capitalismo disfarçado de democracia.

Desafie os dogmas políticos, incluindo o populismo radical e o socialismo de manada.

Experimente o sufismo, especialmente o êxtase tântrico em que a poesia na língua leva ao coração e, assim, à alma.

Glória ao pessimismo da razão e ao otimismo da ação.

Não sopre bolhas de desespero.

Poesia são sementes e botões, não galhos. Fume-a para se elevar.

Crie alegria coletiva diante da melancolia coletiva.

Liberte secretamente qualquer vida que veja numa gaiola.

Liberte os fodidos e enfureça os ditadores.

Lance um grito selvagem sobre os telhados do mundo.

Urre o grande URRO.

Semeie seus poemas com o sal da terra.

Defenda os selvagens e os loucos.

Veja a eternidade nos olhos dos animais.

Veja a eternidade, não em outra noite, mas esta noite.

Diga o indizível.

Não seja hermético para o homem das ruas.

Seja um canário, não um papagaio.

Seja o canário na mina de carvão. (Um canário morto não é apenas um problema ornitológico.)

Seja também um galo, desperte o mundo.

Escreva poemas curtos com a voz dos pássaros.

Os cantos dos pássaros não são produzidos por máquinas. Dê asas ao seu poema para que ele voe até as copas das árvores.

Sem complacência — sobretudo com público, leitores e editores.

Não bajule a Mentalidade Mediana da América, nem a sociedade de consumo. Seja um poeta, não um vendilhão.

Não despreze os acadêmicos que dizem que um poema deve ter coerência, harmonia, esplendor, verdade, beleza, bondade.

Vá viver no mar, navegue. Ou trabalhe perto da água. E reme seu próprio barco.

Para que dar ouvido a críticos que não escreveram grandes obras-primas?

Não faça poesia por grana.[3]

Não escreva reprises de realidades virtuais.

Seja um lobo entre os cordeiros silenciosos.

Não escorregue na casca de banana do niilismo, ainda que escute o rugido do Nada.

Preencha o abismo escuro que boceja por trás de cada rosto, cada vida, cada nação.

Faça um novo poema de cada nova experiência e supere a miopia do momento presente.

Capture instantes, cada segundo é uma batida do coração.

Esqueça o celular e esteja aqui-e-agora.

Busque o perene no efêmero, no fugaz.

Crie ondas permanentes — não apenas na cabeça das mulheres estilosas.

Não fique brincando com seu bigode em porões abandonados, escrevendo asneiras incompreensíveis.

Por que viver nas sombras? Garanta seu lugar na Barca do Sol.

Não deixe que digam que a poesia é uma merda.

Não deixe que digam que a poesia é inútil.

Gargalhe daqueles que dizem que os poetas são desajustados ou potenciais terroristas e um perigo para o Estado.

Não deixe que digam que a poesia é uma neurose que algumas pessoas nunca superam.

Ria daqueles que dizem que a poesia é toda escrita pelo Espírito Santo e que você apenas incorpora o santo.

Nunca, jamais acredite que a poesia é irrelevante em tempos de trevas.

Não deixe que digam que poetas são *parasiti*.

Ria na cara dos que dizem que a poesia é subvencionada pela Imprevidência Social.

Não bote fé quando dizem que ninguém compra as ações baratas da poesia na bolsa de valores de nossa cultura dinheirólatra.

Se não houver urgência em *cantar*, não abra a boca.

Se você não tem nada a dizer, não diga.

Não cague-regra assim. Não diga não.

Zombe daqueles que dizem que você vive num mundo de sonhos. Sonhe sua própria realidade. Acampe na praia do real.

Ria daqueles que dizem: "Escreva prosa, jovem, escreva prosa".

Saia do armário. Aí é escuro demais.

Ouse ser um guerrilheiro poético *pacifista*, um anti-herói.

Tempere com ternura sua voz mais intempestiva.

Faça um vinho novo com as vinhas da ira.

Lembre-se que homens & mulheres são seres de êxtase e sofrimento infinitos.

Abra as cortinas, escancare as janelas, sacuda a poeira, destranque as portas, mas não jogue fora as chaves.

Não destrua o mundo a menos que tenha algo melhor para pôr no lugar.

Desafie Nêmesis, a deusa vingativa, a deusa odiosa.

Comprometa-se com alguma coisa além de si mesmo, deixe de ser ególatra.

Apaixone-se por essa coisa.

Você quer arrancar fama das chamas, mas onde está o arco ardente, onde as flechas do desejo, onde a incendiária sagacidade?

Quando o poeta abaixa as calças, sua "bunda poética"[4] deve ser evidente, capaz de despertar ereções líricas.

As elites monetárias começam as guerras, os pobres combatem nelas. Os governos mentem. A voz do governo quase nunca é a voz do povo.

Fale. Aja. O silêncio é cúmplice da opressão.

Seja a mosca na sopa do Estado. E também seu vaga-lume.

E se você tiver dois pães, faça como faziam os gregos: venda um e com a moeda do reino compre girassóis.

Acorde, o mundo está em chamas!

Tenha um ótimo dia.

* * *

Ei vocês, coletores
   da fina cinza da poesia
      cinza do branquíssimo fogo
         da poesia
Pensem nos que arderam
   antes de vocês
      na branca chama
Crisol de Keats e Campana
   Bruno e Safo
     Rimbaud e Poe e Corso
   E Shelley tostando na praia
      em Viareggio

E agora, na noite
   da conflagração geral,
     a luz branca
       ainda nos consome
     pequenos palhaços
       erguendo nossas pequenas velas
      em direção à chama!

* * *

O que é poesia?

Amor, deite aqui comigo
E eu vou te contar.

Poesia é o que gritaríamos ao nos vermos numa selva escura no meio do caminho de nossa vida.

Poemas são arcos incendiários, poemas são flechas do desejo, poemas dão voz ao coração.

Poesia é a verdade que revela todas as mentiras, o rosto sem máscara.

O que é poesia? O vento respirando pelas folhas de relva, uivando pelos campos.

Voz perdida e sonhadora, porta aberta que flutua no horizonte.

Ó flauta bêbada! Ó boca dourada! Beijos e mais beijos na alcova de pedra.

O que é poesia? Um palhaço rindo, um palhaço chorando, derrubando a máscara.

Poesia é o Hóspede Desconhecido na casa.

Poesia é a Grande Memória, cada palavra uma metáfora viva.

Poesia é o olho do coração, o coração do pensamento.

Palavras aguardam renascer na sombra do candeeiro da poesia.

À primeira luz um pássaro negro voa longe — isto é um poema.

O pássaro da manhã velando a noite é meu deleite.

Poemas são e-mails vindos do desconhecido para além do ciberespaço.

Poesia é o supremo refúgio interior.

Poemas são lumens, emitindo luz.

A poesia como âncora da vida só serve se alcançar as maiores profundezas.

A poesia como linguagem primeira, antes da escrita, ainda canta em nós, uma música muda, uma música rudimentar.

A vida vivida com poesia na mente é, em si mesma, uma arte.

Poemas são como mariposas na janela, tentando alcançar a chama.

Poesia é o grito do coração que desperta anjos e mata demônios.

Poesia é o branco escrito no preto, o preto escrito no branco.

Poemas escondem-se em céus noturnos, em cortiços miseráveis, nas folhas secas varridas pelo vento do outono, em cartas perdidas e achadas, rostos perdidos na multidão...

Poesia pode ser o baião da literatura, nos levando de volta às origens.

Poesia é a pintura de paisagens mentais e dos perfis profundos dos rostos.

Poesia é uma mulher nua, um homem nu e a distância entre eles.

Poesia é a suprema ficção.

Poemas são notícias das fronteiras mais longínquas da consciência em expansão.

Poesia é uma melodia muda na cabeça de todo animal.

Poesia é um contracanto emergindo do silencioso coração das trevas.

É a solidão pessoal tornada pública.

É a luz no fim do túnel e a escuridão lá dentro.

É o pássaro da manhã velando o amor — e nenhum grito se iguala ao grito do coração.

A poesia mantém a morte longe.

A poesia não se resume a heroína, cavalos e Rimbaud. É também a oração inútil do passageiro de avião que aperta o cinto de segurança para a descida final.

Poemas saciam desejos e põem novamente a vida nos trilhos.

A poesia é a menor distância entre duas pessoas.

Cada pássaro uma palavra, cada palavra um pássaro.

E cada poema um exagero, discreto.

Poesia é a precessão de aves aquáticas em voo misturada a acidentes automobilísticos.

Poesia é o canto das graúnas no topo dos jacarandás durante o pôr do sol na praça de São Miguel de Allende.

E todos os pássaros do universo em bando num único e incomensurável livro.

Um poema é um instante fosforescente iluminando o tempo.

Poesia é mais que pintar a luz do sol batendo na parede de uma casa.

A função impossível da poesia é compreender a ventura humana e transcendê-la.

Poesia é a orelha de Van Gogh ressoando todo o sangue do mundo.

A poesia é a condutora primordial da emoção.

É um para-raios de epifanias.

Não é uma luz fraca, uma lâmpada queimada, *lume spento*.

É uma libélula pegando fogo.

Um vaga-lume da imaginação.

É a luz do mar da Grécia, a luz de diamante da Grécia.

Poesia é uma visão brilhante escurecida, uma visão sombria iluminada.

É o que o início da primavera diz sobre as mortes do inverno.

É um menino negro dançando à noite ao redor de uma bananeira na Toulouse Street.

Poesia é o pixo eterno no coração de todos.

É o consolo dos solitários — a própria solidão poética.

As palavras numa página de poesia são códigos para as emoções humanas.

O papel pode queimar, mas as palavras escaparão.

Um poema é um espelho cruzando a rua principal repleta de deleites visuais.

Poesia é uma sacudida na folha de ouro da imaginação. Ela pode brilhar até quase cegar.

É o sol descendo pelas malhas da manhã.

São noites brancas e bocas de desejo.

Um poema é uma árvore com folhas vivas feitas de pilhas de palavras.

Um poema deve alçar-se ao êxtase, em algum lugar entre a fala e a música.

É o som tranquilo das cordas de um velho violino tocado no quintal de um cortiço ao anoitecer.

Poesia é a essência das ideias antes de serem destiladas em pensamento.

Poesia é um arrepio na pele da eternidade.

Halos diluídos em oceanos de som.

É a conversa de rua de anjos e demônios.

É um sofá cheio de cantores cegos que puseram de lado suas bengalas.

Poemas são boias salva-vidas quando seu barco afunda.

A poesia é a anarquia dos sentidos fazendo sentido.

Poesia é tudo que tem asas e canta.

A poesia é uma voz dissidente contra o desperdício de palavras e a louca pletora de publicações.

É o que habita as entrelinhas.

Um verdadeiro poema pode criar uma divina quietude no mundo.

É feito com as sílabas dos sonhos.

São gritos distantes numa praia ao anoitecer.

É um farol varrendo o mar com seu megafone de luz.

É uma foto de Ma com seu sutiã Woolworth observando um jardim secreto pela janela.

É um árabe carregando tapetes coloridos e gaiolas pelas ruas de Bagdá.

Um poema pode ser feito de ingredientes caseiros. Cabe numa única página, pode preencher um mundo e cabe no bolso do coração.

O poeta é um cantor de rua que resgata os gatos vadios dos becos do amor.

A voz do poeta é a outra voz adormecida em todo ser humano.

Poesia é a mente tranquila depois do sexo.

Poemas são páginas perdidas do dia & da noite.

Poesia é o espírito de animais falantes chamando uns aos outros num grande golfo.

É um fragmento pulsante da vida interior, uma música livre.

É o diálogo de estátuas nuas ao som da alegria e da tristeza.

É o som do verão na chuva e de pessoas rindo à noite por trás de persianas fechadas em um beco.

É o cabelo dourado de Helena à luz do sol.

É a espada de Ulisses em chamas.

É uma lâmpada nua num abrigo para sem-tetos iluminando o desamparo de corações e mentes.

A poesia não vale nada, portanto, não tem preço.

Ela cintila na copa da manhã.

A poesia é a incomparável inteligência lírica aplicada às cinquenta e sete variedades da experiência.

É a energia da alma — caso exista alma.

É um sobrado onde ecoam todas as vozes que um dia disseram coisas loucas ou maravilhosas.

É uma incursão subversiva na linguagem esquecida do inconsciente coletivo.

Uma arma doadora de vida nos campos de extermínio.

A poesia é o perfume da resistência.

Poesia é uma revolta perpétua contra o silêncio, o exílio e a picaretagem.

A poesia desconstrói o poder. A poesia absoluta desconstrói absolutamente.

Um canário real numa mina de carvão — e nós sabemos por que um pássaro enjaulado canta.

É uma corda para nos salvar num rumoroso mar sem margens.

É a sombra produzida pelos postes de luz da imaginação.

A poesia é feita de pensamentos noturnos. Se ela pode se livrar das ilusões, não será renegada antes do amanhecer.

Nos lábios da pessoa amada, a poesia é uma pérola divina.

Poesia é a evaporação do riso líquido da juventude.

A poesia é um livro de luz na noite, dispersando as nuvens da ignorância.

Ela ouve os sussurros dos elefantes.

Ela sabe quantos anjos & demônios dançam na cabeça de um falo.

É um zumbido, um lamento, uma alegria, um suspiro ao amanhecer, um suave sorriso selvagem.

É a Gestalt final da imaginação.

A poesia deveria ser emoção recordada com emoção.

Poesia é a roupa íntima da alma.

Palavras são fósseis vivos. O poeta junta as peças e cria o animal selvagem.

Prosa encavalada não é poesia.

Poesia não é um "produto", é, em si mesma, uma partícula elementar.

Poesia é a guilhotina do senso comum, *des idées reçues*.

O poeta é o mão-leve da realidade.

A poesia é um barquinho de papel na enchente da desolação espiritual.

Poesia é loucura e felicidade erótica.

Poesia é a redescoberta do eu contra a tribo.

O poeta é o mestre ontologista, questionando constantemente a existência, reinventando-a.

Um poema é a flor de um instante na eternidade.

O poeta prepara drinques com bebidas selvagens e sempre se espanta que ninguém trance as pernas.

A poesia pode ser ouvida nas sarjetas, ecoando pela escada de incêndio de Dante.

Ela reconhece o totalitarismo da mente racional e o atravessa, transcendendo-o.

Um poema é um bote que, do barco adernado da sociedade, zarpa para o mar.

Um poema é a sombra de um avião deslizando sobre a terra como uma cruz que foge da igreja.

O poema é um telescópio à espera do poeta para focá-lo.

Cada poeta é seu próprio sacerdote e seu próprio confessor.

A poesia é um jogo ao mesmo tempo sagrado e profano.

A poesia é o mais utópico dos jogos.

A poesia é o jogo lúdico do *homo ludens*.

A poesia é uma trepada contra o destino.

É o zumbido das mariposas quando circulam a lâmpada.

É a lua chorando por ter que ir embora ao raiar do dia.

É um barco de madeira atracado à sombra de um salgueiro na curva de um rio.

O poeta vê a eternidade nos olhos silenciosos de todos os animais — incluindo homens e mulheres.

A poesia é o verdadeiro tema da grande prosa.

A poesia diz o indizível. Pronuncia o impronunciável suspiro do coração.

Cada poema é uma loucura momentânea — onde o impossível é possível.

Poesia é uma forma de delírio lírico.

Fazer poesia ainda é bater na porta do desconhecido.

Um poema é um olhar penetrante no verdadeiro coração das coisas.

É a realização do subjetivo — a vida interior do ser.

Arte não é Acaso. Acaso não é arte, a não ser por acaso.

Muito mais que orelhas de coelho, os grande poetas são a antena da raça.

Poesia, a derradeira ilusão pela qual viver.

Como um seio, um poema é mais belo se envolto em mistério.

Um poeta é um dançarino em transe no The Last Waltz.

A poesia ameniza nossa absoluta solidão neste universo solitário.

A luz que vemos no céu vem de um incêndio distante — como a poesia.

A poesia é um presença radical que nos excita constantemente.

Poesia algemada algema a raça humana.

A poesia ainda pode salvar o mundo pela transformação das consciências.

Um girassol bêbado de luz espalha as sementes dos poemas.

Na poesia, as árvores, os animais e as pessoas falam.

A poesia dá voz a todos que veem e cantam e choram e riem.

Um poema é uma janela através da qual tudo o que passa pode ser visto renovadamente.

Cada poema é uma flor de maracujá, uma pitada de puro ser.

Olhos & lábios, as portas do amor — visão & som, os portais da poesia.

O sol amável do impressionismo cria poemas de luz e sombra. A luz estilhaçada do expressionismo abstrato faz poemas do caos.

Na poesia e na pintura, as imagens aparecem e desaparecem, saem de um vazio sombrio e retornam a ele, mensageiras da luz e da chuva, erguendo suas lâmpadas trêmulas e luminosas e sumindo num instante. Ainda assim, podem ser vislumbradas tempo suficiente para que as guardemos como sombras numa parede da caverna de Platão.

Assim como a alma da civilização é visível em sua arquitetura, a miséria da imaginação poética sinaliza o declínio de sua cultura.

A guerra contra a imaginação não é a única guerra. Usando a catástrofe das Torres Gêmeas do 11 de Setembro como desculpa, os Estados Unidos da América iniciaram a Terceira Guerra Mundial, que é a guerra contra o Terceiro Mundo.

Gagos e balbos também têm o direito de fazer poesia.

Poesia é uma planta que cresce à noite para dar nome ao desejo.

Poesia, uma mediação entre a realidade ordinária e a gente.

Poesia sobre poesia é poesia falsificada.

Poesia, uma meditação que ameniza a solidão do nadador de longas distâncias.

Poesia não-psicodélica pode iluminar um psicodélico.

A poesia come as *madeleines* de Proust e lava a boca com uma canção.

A poesia destrói o mau hálito das máquinas.

Poesia, um autêntico universo paralelo.

Poesia não tem gênero, mas não é assexuada.

Poesia é tanto a massa quanto o fermento.

Poesia é o olho fotográfico da mente, sem obturador.

A poesia existe porque alguns homens tentam encarcerar as flores.

Qualquer criança que consiga pegar um vaga-lume possui a poesia.

O tesão lírico e as tretas da vida são poesia.

Poesia, anseio inato por verdade e beleza.

Quando poetas são tratados como cães, eles uivam.

A fala está para a poesia como o som para a música — e ela deve cantar.

Poesia é fazer algo a partir do nada — e pode ser sobre nada e ainda assim significar alguma coisa.

A função da poesia é desmascarar pela luz.

A poesia, como o amor, resiste entre as ruínas.

A poesia, como o amor, é um analgésico natural — o rótulo do frasco diz: "Restaura o espanto e a inocência".

O poeta é uma membrana que filtra a luz e desaparece nela.

A poesia é uma impressão digital do invisível, uma pegada da realidade visível, que a segue como uma sombra.

Poesia, pulsação infinita, batimento cardíaco na eternidade.

Enquanto houver o desconhecido, haverá poesia.

A poesia é uma lança de luz para o mais pobre dos guerreiros.

O amor se deleita com o amor. A alegria se deleita com a alegria. A poesia se deleita com a poesia.

Grande poesia requer *fome e paixão*.

O maior de todos os poemas é a própria vida lírica.

Poesia é fazer amor nas tardes quentes de Montana.

A poesia é a Terra girando e girando, com seus humanos que dia após dia se convertem em luz ou em trevas.

La vida es sueño. A vida é um sonho real e a poesia o sonha.

Mas a poesia serve a muitos senhores, nem todos beatíficos. Cada época tem a poesia que merece.

Os olhos são estrelas, as estrelas são olhos que nos observam com indiferença — os olhos cegos da natureza.

Há três tipos de poesia. A poesia deitada aceita o *status quo*. A poesia sentada, escrita pelo *establishment* sentado, tem sua essência ditada pelo emprego. E a poesia de pé, que é a poesia do engajamento — às vezes grandiosa, às vezes medonha.

A ideia da poesia como um braço da luta de classes perturba o sono daqueles que não desejam ser perturbados em sua busca pela felicidade.

O poeta, por definição, é o mensageiro de Eros e do amor e da liberdade, portanto, o inimigo natural e *não-violento* do Estado.

A poesia é a Resistência suprema.

O poeta é um bárbaro subversivo nos portões da cidade, desafiando *pacificamente* o tóxico *status quo*.

A poesia dissidente não é antiestadunidense.

A poesia mais elevada nos diz que, sem ela, podemos morrer.

Ela pode salvar vidas profundamente trágicas.

É a voz dentro da voz da tartaruga.

É o rosto por trás do rosto da raça.

É a voz da Quarta Pessoa do Singular.

A poesia é o derradeiro farol nos oceanos revoltosos.

Premonições

Manifesto Populista #1

Poetas, saiam de seus armários,
Abram suas janelas, abram suas portas,
Vocês estiveram tempo demais escondidos
em seus mundinhos fechados.
Desçam, desçam daí
de seus Russian Hills e Telegraph Hills,
seus Beacon Hills e Chapel Hills,
seus Montes Análogos e Montparnasses,
desçam de seus sopés e montanhas,
saiam de suas cabanas e cúpulas.
As árvores continuam caindo
e não iremos mais para as florestas.
Não há mais tempo de trepar nelas
quando o homem incendeia sua própria casa
para assar seu porco.
Chega de ficar cantando Hare Krishna
enquanto Roma pega fogo.
São Francisco pega fogo,
a Moscou de Maiakóvski incendeia
os combustíveis fósseis da vida.
A noite & o Cavalo se aproximam

comendo luz, calor & poder,
e as nuvens vestem calças.
Não é hora de o artista se esconder
acima, além, nos bastidores,
indiferente, polindo as unhas,
refinando-se até virar nada.
Não há tempo para nossos joguinhos literários,
não há tempo para nossas paranoias & hipocondrias,
não há mais tempo para medo & ódio,
agora só há tempo para luz & amor.
Vimos as mentes mais brilhantes da nossa geração
destruídas pelo tédio das leituras de poesia.
A poesia não é uma sociedade secreta,
tampouco uma igreja.
Palavras secretas & cânticos não servem mais.
A hora do *Om* acabou,
chegou o tempo do entusiasmo,
de entusiasmo & deleite
pelo fim próximo
da civilização industrial
que faz mal à Terra & à humanidade.
Tempo de olhar para fora
em completa posição de lótus
com os olhos bem abertos,
Tempo de abrir suas bocas
com um discurso aberto e novo,
tempo de se comunicar com todos os seres sencientes,

Todos vocês, "Poetas das Cidades"
fissurados por museus, eu inclusive,
Todos vocês, poetas de poetas que escrevem poesia
    sobre poesia,
Todos vocês, poetas de línguas mortas e
    desconstrucionistas,
Todos vocês, poetas de oficinas de poesia
no coração da América profunda,
Todos vocês, Ezra Pounds domesticados,
Todos vocês, poetas esquisitos, surtados e arruaceiros,
Todos vocês, poetas concretos armados,
Todos vocês, poetas cunilíngues,
Todos vocês, poetas de saunas, gemendo com as frases
    de banheiro,
Todos vocês, que chacoalham de vagão em vagão mas
    nunca subiram numa bétula,
Todos vocês, mestres dos haicais de serraria nas Sibérias
    da América,
Todos vocês, irrealistas cegos,
Todos vocês, supersurrealistas auto-ocultos,
Todos vocês, visionários de apartamento e ativistas de
    gabinete,
Todos vocês, poetas Groucho-Marxistas
e camaradas burgueses
que passam o dia todo descansando
falando sobre o proletariado, sobre a classe operária,
Todos vocês, anarquistas católicos da poesia,

Todos vocês, Black Mountaineers da poesia,
Todos vocês, brâmanes de Boston e bucólicos de
 Bolinas,
Todos vocês, akelás mães da poesia,
Todos vocês, irmãos zen da poesia,
Todos vocês, amantes suicidas da poesia.
Todos vocês, professores cabeludos de *poesie*,
Todos vocês, críticos de poesia
que sugam o sangue do poeta,
Todos vocês, Polícia da Poesia —
Onde estão os filhos selvagens de Whitman?
Onde as grandes vozes dizendo,
com dureza e ternura, o sublime?
onde a nova grande visão,
a grande visão de mundo,
a magnífica canção profética
da imensa Terra?
e tudo o que nela canta
e nossa relação com ela —
Poetas, voltem
para as ruas do mundo
e abram suas mentes & olhos
para o antigo deleite visual,
Limpem as gargantas e falem sem medo,
A poesia está morta, viva a poesia!
com seus olhos terríveis e força de búfalo.
Não esperem pela Revolução

ou ela acontecerá sem vocês,
Parem de balbuciar e bradem
uma nova poesia, liberta e libertária
com uma nova "superfície pública" comunossensual
com outros níveis subjetivos
ou outros níveis subversivos
um diapasão no ouvido interno
soando dentro da carne.
Cantem sim seu querido *Eu*
mas cantem também as "massas" —
A poesia é o transporte
que conduz o público
aos patamares mais elevados
onde os veículos comuns não podem chegar.
A poesia ainda cai dos céus
sobre nossas ruas ainda abertas.
Eles não ergueram barricadas, por enquanto,
as ruas ainda estão habitadas por rostos,
homens & mulheres amáveis ainda as percorrem,
ainda há criaturas encantadoras em toda parte,
nos olhos de todos, o segredo de tudo
continua enterrado ali,
os filhos selvagens de Whitman ainda dormem por ali,
Despertem e cantem ao ar livre.

Manifesto Populista #2

Filhos de Whitman, filhos de Poe
filhos de Lorca & Rimbaud
ou suas filhas sombrias
poetas com outro fôlego
poetas com outra visão
Quem dentre vocês ainda fala em revolução?
Quem dentre vocês, nesta década revisionista,
ainda desparafusa
as fechaduras das portas?
"Você é o presidente do seu próprio corpo, América"
Assim falou Kush em Tepoztlán
jovem poeta anjo de cabelo ao vento
da geração dos poetas selvagens
à imagem de Allen Ginsberg
vagando pela América profunda
"Vocês, Rimbauds com outro fôlego"
cantava Kush
e perdeu-se com suas paranoias particulares
enlouquecido como a maioria dos poetas
por uma razão estúpida qualquer
na cama desfeita do mundo

Filhos de Whitman
em sua "solidáo pública"
unidos pelo *duende*-de-sangue[5]
"Presidente do seu próprio corpo, América"
Tome de volta daqueles que o enlouqueceram
daqueles que o roubaram
e roubam diariamente
A subjetividade tem que retomar o mundo
dos gorilas & guerrilhas da objetividade
Devemos nos reunir de qualquer maneira
aos animais dos campos e das florestas
em seu estado de meditação permanente
"Sua vida ainda está em suas próprias mãos
Faça-a florir, faça-a cantar"
(entoava o louco Kush em Tepoztlán)
"um congresso constituinte do corpo"
a ser convocado para tomar o controle
do Estado
o estado subjetivo
daqueles que o subverteram
O telefone sem fio da vanguarda
quebrou
Falo com vocês agora
de outro país
Não se refugiem
em suas solidões públicas
Vocês, poetas com outras visões

visões singulares e solitárias
visões ferozes e obstinadas
Vocês, Whitmans com outro fôlego
que não é o fôlego curto da poesia moderna
que não é o mau hálito da civilização industrial
Escutem já, escutem novamente
o som no sangue, o *duende* sombrio, seu canto
     sombrio
entre os tiques da civilização
entre as letras garrafais de suas manchetes
nos silêncios entre os carros
dirigidos como armas
Em duzentos anos de liberdade
conseguimos inventar
a alienação permanente da subjetividade
quase todos os sujeitos verdadeiramente criativos
alienados & expatriados
em seu próprio país
no interior da América ou em São Francisco
a morte do sonho em seu berço
Ó caldeirão da América
Falo a você
de outro país
outro tipo de terra sanguinária
de Tepoztlán, a Terra dos Poetas
Terra de Quetzalcóatl, Senhor da Madrugada
Terra da Serpente Emplumada

Eu aceno
do meio das chamas
como Artaud fazia
Aceno
por cima das cabeças da terra
cabeças duras plantadas como menires
no solo de todo país
hienas de pelo ralo
que ainda governam tudo
Envio sinais da Terra dos Poetas
para vocês, poetas de inspiração alienada,
para que retomem sua terra
e o mar profundo do subjetivo
Vocês têm escutado o som do oceano ultimamente?
o som que, dia após dia,
ainda guia as estrelas
o som pelo qual, todas as noites,
as estrelas retomam o céu
O mar ainda canta sua fúria para lembrá-los
da fúria em seu sangue
para lembrá-los de seus *Eus*
Pensem agora em seu *Eu*
como um barco à deriva
Pensem agora na pessoa amada
nos olhos do seu amor
seja quem for o seu maior amor
aquele que o abraçou forte nas trevas

ou aquela que lavou seus cabelos na cachoeira
seja quem for que faça seu coração bater
seu sangue circular
Escute, diz o rio
Escute, diz o mar dentro de você
você com suas visões particulares
de outra realidade, uma realidade apartada
Escutem e estudem os mapas do tempo
Leiam o sânscrito das formigas na areia
Vocês, Whitmans com outro fôlego
não há mais ninguém para contar
como as gerações alienadas
sobreviveram às suas visões expatriadas
aqui e em qualquer lugar
As velhas gerações sobreviveram a todos
Sobreviveram ao mito boêmio dos Greenwich Villages
Sobreviveram ao mito de Hemingway
em *O sol também se levanta*
no Dôme de Paris
ou com os touros em Pamplona
Sobreviveram ao mito de Henry Miller
nos *Trópicos* de Paris
e ao grande sonho grego
d'*O Colosso de Marússia*
e ao sonho tropical de Gauguin
Sobreviveram ao mito de D. H. Lawrence
em *A serpente emplumada*

no Lago Chapala, no México
E ao mito de Malcolm Lowry
À sombra do vulcão em Cuernavaca
E então à saga de *Pé na estrada*
e ao mito de Bob Dylan "Blowin' in the Wind"
Quantos caminhos um homem deve andar
Quantos Neal Cassadys em estradas de ferro
    abandonadas
Quantas réplicas de Woody Guthrie com violões
    quebrados
Quantos xerox de Joan e seus cabelos compridos
Quantos fac-símiles de Ginsberg e Keseys copiados em
    papel carbono
vagando ainda pelas ruas da América
com mochilas e tênis surrados
ou dirigindo velhos ônibus escolares
com o letreiro indicando "longe daqui"
Quantos budistas católicos, quantos cantores
recitando o Sutra do Coração da Grande Sabedoria
no Lower East Side
Quantos *Whole Earth Catalogs*
perdidos em banheiros de comunas no Novo México
Quantos punks ostentando suásticas,
Franco está morto, mas Picasso também
Chaplin está morto — mas eu usaria seu chapéu-coco
sobrevivi a todos nossos mitos, exceto ao dele
o mito da subjetividade pura

da subjetividade coletiva
o Homem do Povo em cada um de nós
esperando com Carlitos ou Pozzo
Eu os vejo em todas as esquinas
aqueles mundos subjetivos perdidos
escondidos dentro de suas roupas limpas e elegantes
Seus chapéus não são coco, não usam bengalas
Eles se viram, ajeitam as calças
e se afastam de nós
na grande noite americana

(Tepoztlán-São Francisco)

Poesia moderna é prosa

Folheio uma grande antologia de poesia contemporânea, e poderia dizer que "a voz imensa dentro de nós" soa dentro de nós sobretudo como uma voz em prosa, ainda que na tipografia da poesia. Isso não quer dizer que seja prosaica ou não tenha profundidade, isso não quer dizer que esteja morta ou moribunda, ou que não seja cativante e bela ou bem escrita, espirituosa e corajosa. É muito viva, muito bem escrita, encantadora e animada — prosa que se sustenta sem as muletas da pontuação, prosa cuja sintaxe é tão clara que pode se espalhar por toda a página, em formas e campos abertos, e, ainda assim, ser uma prosa muito clara e rara. E na tipografia da poesia, o intelecto poético e o prosaico se disfarçam com as roupas um do outro.

Percorrendo as construções da prosa no século XXI, alguém, ao olhar para trás, talvez se espante com essa estranha época que permitiu à poesia caminhar pelos ritmos da prosa e, mesmo assim, ainda ser chamada de poesia. Poesia moderna é prosa porque soa tão subjugada quanto qualquer homem ou mulher cuja força vital está submersa na vida urbana. Poesia moderna é prosa porque não tem muito *duende*, esse espírito sombrio de terra e sangue, nem alma de canção sombria, nem música de paixão. Como a escultura moderna, ela ama o concreto. Como a arte minimalista, minimiza a emoção em favor da ironia sutil e da intensidade implícita. Assim, é a poesia perfeita para os tecnocratas. Mas, quantas vezes essa poesia se eleva de sua planície cintilante acima do medíocre nível do mar? Ezra Pound certa vez disse que apenas em tempos de decadência a poesia se afasta da música. E assim acaba o mundo, não com uma canção, mas com um suspiro.

Oitenta ou noventa anos atrás, quando todas as máquinas começaram a zumbir, quase (como parecia) em uníssono, a fala humana certamente começou a ser afetada pelo absoluto *staccato* fabril. E a poesia da cidade certamente absorveu e replicou isso. Whitman foi um sobrevivente, entoando o canto de si mesmo. E Sandburg também foi um sobrevivente, cantando suas sagas. E Vachel Lindsay, outro sobrevivente, batucando seus cantos. E, mais tarde, Wallace Stevens com sua harmoniosa "música fictícia". E, depois, Langston Hughes. E Allen Ginsberg, entoando seus mantras, cantando Blake. E ainda há outros em toda parte, poetas do jazz, poetas cantadores e sofredores fodidos pelas ruas do planeta, fazendo poesia do urgente e insurgente Aqui-e-Agora, do ser instantâneo imediato, o ser carnal encarnado (como D. H. Lawrence o chamava).

Mas muita poesia ficou presa no metal quente dos linotipos e agora nas fontes frias do computador. Nenhuma canção entre os datilógrafos, nenhuma canção em nossa arquitetura de cimento — nossa música concreta. E os rouxinóis podem ainda estar cantando perto do Convento Sagrado Coração, mas mal conseguimos ouvi-los nas urbanas terras devastadas de T. S. Eliot — nem em seus *Quatro Quartetos* (que não podem ser tocados em nenhum instrumento e mesmo assim são a prosa mais bela do nosso tempo). Nem na imensidão da prosa dos *Cantos* de Ezra Pound, que não são *canti* pois não podem ser cantados por ninguém. Nem na prosa pangolim de Marianne Moore (que chamou sua escrita de poesia por falta de termo melhor). Nem na grande prosa em versos brancos de Karl Shapiro em *Essay on Rime*, nem na fala interiorana de William Carlos Williams, na linguagem rude de *Paterson*. Todos aplaudidos pelos professores de poesia e críticos de poesia dos lugares mais finos, nenhum dos quais cometerá o pecado original de dizer que a poesia de determinado poeta é prosa com disposição tipográfica de poesia — assim como os amigos do poeta jamais lhe dirão, como os editores nunca vão dizer — a conspiração de silêncio mais imbecil da história das letras.

A maior parte da poesia moderna é prosa poética, mas está dizendo muito, através de seu próprio exemplo, sobre a morte do espírito que a civilização tecnocrata está nos impondo, emaranhada em máquinas e nacionalismos machistas, enquanto alguns continuam ansiando pelo rouxinol entre os pinheiros de Respighi. É o pássaro cantando que nos deixa felizes.

Nota bibliográfica

Este livrinho revolucionário foi um *work-in-progress* constante, *ars poetica* que o poeta elaborou ao longo de toda sua vida.

A primeira versão de "O que é poesia?" foi transcrita de uma transmissão radiofônica na KPFA FM, no final dos anos de 1950. Versões diferentes do texto foram depois republicadas em jornais, edições de pequena tiragem e traduções.

Um excerto de "O que é poesia?" foi publicado em *Americus Book I*, seção III (New Directions, 2004).

O "Manifesto Populista #1" foi transmitido via rádio em 1975, publicado no *New York Times* como "Manifesto Popular", e logo depois integrado ao livro *Who Are We Now?* (New Directions, 1976).

O "Manifesto Populista #2" (também conhecido como "Adieu à Charlot") foi publicado no *Los Angeles Times*, em 1978, integrado ao livro *Landscapes of Living and Dying* (New Directions, 1979).

"Poesia moderna é prosa" foi publicado em *Endless Life* (New Directions, 1981).

Notas da tradução

[1] Numa tradução literal: "Os bosques da Arcádia estão mortos,/ E sua antiga alegria acabou;/ Outrora o mundo se alimentou de sonhos;/ A verdade cinza é agora o seu brinquedo...".

[2] Destino Manifesto: doutrina do século XIX segundo a qual os colonos dos Estados Unidos estavam destinados por Deus a conquistar o oeste do território e possivelmente a parte sul do continente, impondo suas crenças e instituições. Fortemente supremacista e racista, foi usada para justificar o extermínio dos povos originários e a escravização dos africanos. A expressão foi cunhada em 1845 pelo jornalista John Louis O'Sullivan em um ensaio que debatia a anexação do Texas pelos Estados Unidos. Seria, deste modo, missão dos estadunidenses, o povo escolhido, levar o progresso e a civilização para a América e também para o restante do mundo, tudo em nome de Deus e com Sua bênção.

[3] No original, "Don't produce poetry by the Pound": trocadilho com a unidade monetária do Reino Unido (*pound sterling*) e com o nome do poeta e crítico estadunidense Ezra Pound (1885-1972), um dos maiores e mais centrais nomes da literatura no século XX.

[4] No original, "*arse poetica*": trocadilho entre *ars* ("arte" em latim) e *arse*, *ass* ("bunda" em inglês).

[5] *Duende*: força criadora, misteriosa e inefável, que habita os grandes artistas. Termo proveniente do universo do flamenco espanhol e estendido à arte de modo geral por Federico García Lorca, em seu famoso ensaio "Juego y teoría del duende", de 1933.

Agradecimentos

O tradutor agradece às leituras atentas e aos palpites e sugestões de Natália Agra, Cide Piquet e Alberto Martins.

Sobre o autor

Lawrence Ferlinghetti nasceu no dia 24 de março de 1919, em Nova York. Perdeu o pai (Carlo Ferlinghetti, anarquista italiano) antes do nascimento, e a mãe (Clemence Albertine Mendes-Monsanto, francesa de descendência portuguesa), devido a problemas nervosos, ainda muito pequeno. Vive os primeiros anos na França, com uma tia materna, depois, de volta aos Estados Unidos, passa por orfanatos e é finalmente adotado por uma rica família de Bronxville, Nova York.

Em 1941, forma-se em jornalismo pela Universidade da Carolina do Norte. Logo depois, serve na Marinha norte-americana durante a Segunda Guerra Mundial, onde comanda três submarinos no Atlântico e vê toda a ação do Dia D, na determinante invasão da Normandia. Logo após a bomba atômica estadunidense aniquilar Nagasaki, em 1945, Ferlinghetti testemunha em primeira mão a cidade bombardeada e suas tenebrosas ruínas. Essa experiência marca-o profundamente e o leva a radicalizar sua postura pacifista.

Obtém, em 1948, o título de mestre em literatura inglesa pela Universidade de Columbia. Segue para a França onde, em 1951, conclui o doutorado na Sorbonne. Volta aos Estados Unidos em 1951. Fixa residência em São Francisco, onde dá início a várias atividades, como aulas de francês, tradução literária, pintura e crítica de arte. Ao lado de escritores como Kenneth Rexroth, Allen Ginsberg e Gary Snyder, tem papel central no renascimento literário da cidade (San Francisco Renaissance) e na explosão e estabelecimento do movimento Beat.

No ano de 1953 funda, com Peter D. Martin, a lendária livraria City Lights, que se tornaria ponto de encontro e movimentação de ideias, curtição, caldeirão de efervescência da contracultura estadunidense. A livraria fica estrategicamente ao lado do Bar Vesúvio, reduto de poetas, artistas, ativistas e boêmios.

Após Martin abandonar a sociedade da livraria em 1955, Ferlinghetti funda a editora City Lights, pela qual publica seu livro de estreia, *Pictures of the Gone World*, volume que inaugura a clássica e prestigiosa coleção de poesia Pocket Poets Series — que publicaria nomes como William Carlos Williams, Nicanor Parra, Frank O'Hara, Ernesto Cardenal, Vladímir Maiakóvski, entre outros grandes nomes da poesia estadunidense e mundial, além de traduções feitas pelo próprio Ferlinghetti de Jacques Prévert e Pier Paolo Pasolini.

A partir das polêmicas e da consequente explosão de popularidade do quinto volume da coleção, *Howl & Other Poems* (1956), de Allen Ginsberg, a editora fica mais conhecida e torna-se a casa editorial dos escritores da Beat Generation. O livro de Ginsberg, como se sabe, traz problemas judiciais para a City Lights, o que resulta na prisão de Ferlinghetti, assim como na acusação de comercialização de material obsceno. O julgamento é favorável à editora e eleva sua popularidade, assim como a da livraria e dos autores de seu catálogo.

Em 1958, vem a público *A Coney Island of the Mind*, seu principal e mais popular livro, que seria traduzido para vários idiomas e teria mais de 1 milhão de exemplares vendidos. Nele, o poeta pratica aquilo que chama de "poesia andarilha", isto é, "uma poesia falada, baseada nos olhos e nos ouvidos", arruaceira, antiacadêmica, um "circo da alma".

Na década de 1960, possuído pelo espírito de época, o poeta viaja bastante pelo país, lendo poesia em festivais ou dando palestras, participando de conferências literárias ou políticas. Suas atividades políticas chamarão a atenção das autoridades dos Estados Unidos. J. Edgar Hoover, o ultraconservador diretor do FBI, inclui os beats, junto com os intelectuais e os comunistas, entre as três grandes ameaças ao *American way of life*, e, nos anos 1970, acusa Ferlinghetti, Allen Ginsberg e Jane Fonda de serem "desequilibrados mentais" que atentam contra a moral da nação.

Continua incansavelmente na ativa durante as décadas seguintes, publicando diversos livros, dirigindo a City Lights e dedicando-se também à pintura. Recebeu vários prêmios durante sua carreira, não só nos Estados Unidos, mas também na Europa. Em 1998, é condecorado Poeta Laureado da cidade de São Francisco. Em 2003, é eleito para a American Academy of Arts and Letters, e, em 2007, é condecorado pelo Ministério de Cultura da França com a Ordre des Arts et des Lettres. Em 2012, é galardoado com o Prêmio Internacional de Poesia Janus Pannonius, do PEN Club húngaro. Ao saber que o governo da Hungria, sob o primeiro-ministro de extrema-direita Viktor Orbán, é um dos patrocinadores do prêmio de 50 mil euros, Ferlinghetti o recusa.

No seu aniversário de 100 anos, em 24 de março de 2019, a cidade de São Francisco reconhece o trabalho do poeta e o homenageia com a criação, dentro do calendário cultural da cidade, do *Lawrence Ferlinghetti Day*. Há também, na cidade, uma rua com o nome do poeta.

Ativista libertário que dizia ser "um agente provocador — subversivo, anarquista e profético", Ferlinghetti sempre afirmou que a arte deve ser acessível a todas as pessoas e não apenas às classes abastadas. Faleceu em 22 de fevereiro de 2021, aos 101 anos de idade. Publicou:

Poesia
Pictures of the Gone World (1955)
A Coney Island of the Mind (1958)
Starting from San Francisco (1961)
The Secret Meaning of Things (1970)
Back Roads to Far Places (1971)
Open Eye, Open Heart (1973)
Who Are We Now? (1976)
Northwest Ecolog (1978)
Landscapes of Living and Dying (1979)
Endless Life: Selected Poems (1981)
Over All the Obscene Boundaries (1986)
These Are My Rivers: New & Selected Poems 1955-1993 (1993)
A Far Rockaway of the Heart (1997)
How to Paint Sunlight (2001)

Americus Book I (2004)
Time of Consciousness (2012)
Blasts Cries Laughter (2014)
Ferlinghetti's Greatest Poems (2017)

Prosa
Her (1960)
The Mexican Night (1963)
Tyrannus Nix? (1969)
Love in the Days of Rage (1988)
Little Boy (2019)

Teatro
Unfair Arguments with Existence (1963)
Routines (1964)

Manifestos
Poetry as Insurgent Art (1975-2007)

Filmes
Have You Sold Your Dozen Roses? (1960)
Tyrannus Nix? (1969)
Assassination Raga (1973)

No Brasil
Vida sem fim. Tradução de Paulo Leminski, Nelson Ascher, Paulo Henriques Britto e Marcos A. P. Ribeiro. São Paulo: Brasiliense, 1984.
Um parque de diversões da cabeça. Tradução de Eduardo Bueno e Leonardo Fróes. Porto Alegre: L&PM, 2008.
Amor nos tempos de fúria. Tradução de Rodrigo Breunig. Porto Alegre: L&PM, 2012.

Sobre o tradutor

Fabiano Calixto nasceu em Garanhuns, PE, em junho de 1973. É poeta, editor e professor. Vive na cidade de São Paulo com sua companheira, a poeta e editora Natália Agra. Doutor em Letras (Teoria Literária e Literatura Comparada) pela Universidade de São Paulo (USP). Publicou os seguintes livros de poesia: *Algum* (edição do autor, 1998), *Fábrica* (Alpharrabio Edições, 2000), *Música possível* (Cosac Naify/7 Letras, 2006), *Sanguínea* (Editora 34, 2007), *A canção do vendedor de pipocas* (7 Letras, 2013), *Equatorial* (Tinta-da-China, 2014), *Nominata morfina* (Corsário-Satã, 2014) e *Fliperama* (Corsário-Satã, 2020). Dirige, com Natália Agra, a editora Corsário-Satã.

Este livro foi composto em Adobe Garamond e Imago
pela Franciosi & Malta, com CTP e impressão
da Edições Loyola em papel Pólen Bold 90 g/m^2
da Cia. Suzano de Papel e Celulose
para a Editora 34, em junho de 2023.